www.ingramcontent.com/pod-product-compliance
Lightning Source LLC
Chambersburg PA
CBHW072152170526
45158CB00004BA/1620
* 9 7 8 1 0 7 8 0 3 7 1 0 5 *